Sociétés secrètes | numéro 2

LES SECRETS
DE L'OPUS DEI

— Entre croyance et scandales

par François De Heyder

50MINUTES

DEVENEZ INCOLLABLE
EN HISTOIRE !

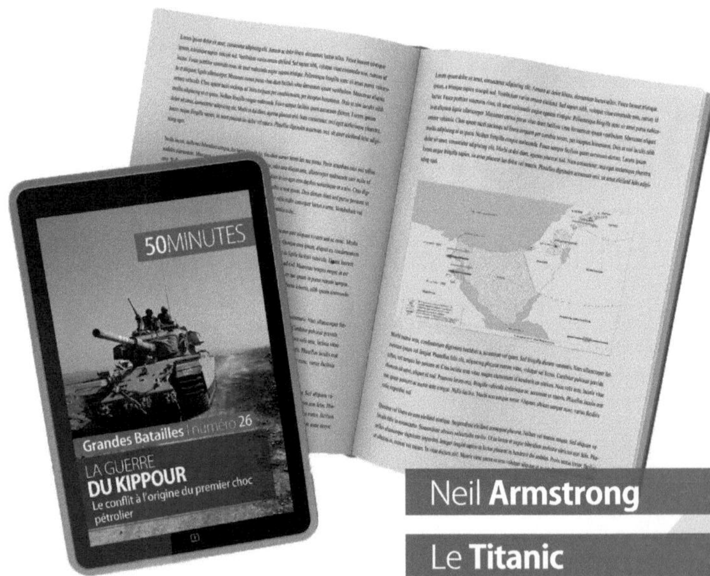

Neil **Armstrong**

Le **Titanic**

George **Washington**

Christophe **Colomb**

Jacques **Cartier**

www.50minutes.com

LES SECRETS DE L'OPUS DEI

- **Date de création ?** Le 2 octobre 1928.
- **Objectifs officiels ?** Diffuser le message évangélique et encourager tout individu à devenir saint dans le cadre de ses activités quotidiennes.
- **Objectifs non avoués ?** Gagner en influence au sein de l'Église, endiguer le renouveau théologique symbolisé par le concile Vatican II, et favoriser la christianisation de la société par des alliances politiques et économiques.
- **Membres les plus éminents ?**
  - Josemaría Escrivá de Balaguer, prélat espagnol et fondateur de l'Opus Dei (1902-1975).
  - Álvaro del Portillo, prélat espagnol, vicaire secrétaire central et successeur d'Escrivá (1914-1994).

Depuis sa création en 1928, l'Opus Dei, autrement dit « l'Œuvre de Dieu », suscite régulièrement la controverse et le fantasme, notamment en raison de son culte du secret et de l'influence qu'on lui prête, à tort ou à raison, sur l'Église catholique et le pape lui-même. Et pour cause : durant les années cinquante, selon les statuts mêmes de l'institution, il était interdit à ses membres de révéler leur appartenance sans l'autorisation d'un supérieur, alors qu'une décennie plus tôt il leur était conseillé de ne pas discuter de l'Œuvre avec des non-membres. Taxé tour à tour d'organisation élitiste et sectaire, impliqué dans différents scandales financiers et politiques, l'Opus Dei aiguise la curiosité.

Pourtant, à l'heure actuelle, l'Œuvre compte près de 90 000 membres, ce qui ne représente que 0,008 % de la population catholique mondiale. Si cela peut paraître faible, son influence sur la curie romaine est en revanche réelle quoique puissent affirmer ses responsables. Alors qu'il est complètement détaché de toute la hiérarchie ecclésiastique et ne dépend que du pape lui-même, l'Opus Dei jouit d'une influence qui s'étend bien au-delà du milieu strictement ecclésiastique pour toucher les plus hautes sphères du monde politique et économique.

L'OPUS DEI À TRAVERS L'HISTOIRE

NAISSANCE DE L'ŒUVRE

La naissance de l'Œuvre est intimement liée à son fondateur Josemaría Escrivá de Balaguer, et son développement à l'émergence de l'Espagne franquiste (1939-1975).

Portrait de Josemaría Escrivá que l'on trouve dans l'église Sainte-Marie-des-Anges à Chicago.

La date de création officiellement retenue est le 2 octobre 1928, bien que beaucoup estiment que l'association n'a de réelle existence qu'à partir de 1939, l'année même qui voit la fin de la guerre civile espagnole et l'accession au pouvoir de Francisco Franco (1892-1975). Toutefois, son fondateur, s'étant exprimé un jour à ce sujet, a affirmé que « ces débuts [étaient] intimement liés à l'histoire de [s]on âme » (RODRIGUEZ (Pedro), *Palabra*, Madrid, 1967), ce qui est malheureusement assez flou. Ce que l'on peut affirmer en revanche, c'est ce qu'Escrivá a accepté de raconter par la suite. Selon ses dires, il aurait eu, en 1928, une vision lors d'une retraite dans une résidence ecclésiastique madrilène. Au cours de celle-ci, Dieu lui aurait révélé le projet de ce qui deviendra plus tard l'Opus Dei.

L'ESPAGNE DES ANNÉES TRENTE

Les débuts sont modestes et paisibles. L'Œuvre s'apparente plus à un salon d'étude et de discussion qu'à un organisme qui prône une retraite spirituelle stricte hors du monde. Les premières rencontres ont lieu à Madrid dans un appartement qu'Escrivá partage avec sa famille. Mais la situation bascule rapidement. Au cours des années trente, l'Espagne change profondément : elle passe d'un régime monarchique à une république, la seconde de l'histoire espagnole. Après les élections municipales de 1931, la gauche prend le pouvoir et la dynastie des Bourbons, incarnée par Alphonse XIII (1886-1941), est chassée du pays.

Les années trente commencent donc bien mal pour le jeune Escrivá. Avec l'accession au pouvoir des partis de gauche, l'Espagne se laïcise brutalement et l'anticléricalisme se répand à travers tout le pays, et particulièrement à Madrid. Les prêtres sont interdits d'enseignement, les croix des cimetières et des édifices publics sont enlevées, et les processions interdites. La séparation de l'Église et de l'État est totale. Comme l'a souligné le président du Conseil Manuel Azaña (1880-1940), « l'Espagne a cessé d'être catholique » (discours du 13 octobre 1931 devant les Cortes).

Mécontents du Gouvernement et de la victoire du Front populaire espagnol aux élections de 1936, les mouvements d'extrême droite s'unissent pour organiser un soulèvement et plongent l'Espagne dans une guerre civile. Les premiers membres de l'Œuvre sont pris dans la tourmente de ce que l'on appelle le siège de Madrid et sont contraints de se disperser. Ils ne se retrouveront qu'en 1939, à la fin de la guerre, alors qu'Escrivá rentre à la capitale au côté des troupes franquistes. Le développement de l'Œuvre ne reprend réellement qu'au début des années quarante. C'est à cette époque qu'il trouve un appui important en la personne de l'évêque de Madrid Leopoldo Eijo y Garay (1878-1963). Celui-ci accorde en effet un semblant d'officialité à la jeune organisation. En 1941, elle acquiert le statut de « pieuse union », prévu par le Code de droit canonique, mais n'est pas encore reconnue officiellement par le Saint-Siège.

LA PIEUSE UNION

Placée sous l'autorité d'un dirigeant ecclésiastique local, une pieuse union est une association de laïcs et de clercs accomplissant des œuvres de charité tout en occupant des fonctions professionnelles. Ses membres vivent donc dans la société et ne formulent aucun vœu.

LA PÉRIODE ROMAINE

Estimant que le statut accordé par Leopoldo Eijo y Garay ne permettait pas de rendre complètement la spécificité de l'organisation, Escrivá ambitionne de lui en faire adopter un qui, à l'époque, n'existait pas encore au regard du droit canonique. C'est pour cette raison qu'il s'installe à Rome en 1946 afin de négocier la création de nouveaux statuts. Sa ténacité ne peut toutefois venir à bout de l'inertie romaine dans un premier temps. En effet, les rangs de l'Opus Dei sont trop maigres et ses activités trop marginales pour espérer mettre en branle une administration aussi imposante. Pourtant, un an plus tard, le pape Pie XII (1876-1958) promulgue une série de textes, dont la constitution apostolique intitulée Provida Mater Ecclesia (1947), qui fournira le cadre juridique à la formation d'instituts séculiers. Cela correspond parfaitement à ce qu'ambitionnait Escrivá qui voit là ses négociations aboutir.

C'est un certain Arcadio María Larraona Saralegui (1887-1973) qui est chargé de la préparation de cette constitution. Il est aidé dans sa tâche par deux jeunes prêtres, Álvaro del Portillo et Salvador Canals Navarrete (1920-1975), tous deux membres de l'Opus Dei et proches d'Escrivá. Le premier prendra d'ailleurs la direction de l'œuvre à la mort de son fondateur.

LE CONCILE VATICAN II

Durant les années qui séparent l'adoption du statut d'institut séculier et le concile de Vatican II (1962-1965), l'effectif de l'Opus Dei se démultiplie, passant de 3 000 à 30 000 membres. Parmi ceux-ci se trouvent déjà plus de 300 prêtres. Escrivá ne peut toutefois espérer plus pour son organisation tant que le pape Pie XII siège au Vatican, lui qui lui a déjà refusé à trois reprises la position d'évêque. L'élection du futur Jean XXIII (1881-1963) au siège pontifical apparaît comme une opportunité, l'objectif étant de transformer l'institut séculier en prélature *nullius*.

La spécificité de l'Œuvre fait qu'elle ne recouvre pas une aire géographique distinctive pouvant relever d'un diocèse. Ses membres sont en effet disséminés à travers le monde. C'est pourquoi Escrivá estime qu'un statut de prélature ne relevant d'aucun diocèse, mais bien de l'autorité du pape correspond mieux à la physionomie de l'organisation. La demande est transmise au pape en 1960. Deux ans plus tard, la requête est refusée pour cause de difficultés juridique et pratique. C'est donc un autre camouflet pour Escrivá qui se voit en outre dénier pour la quatrième fois la mitre épiscopale.

Peu de temps après débute le concile Vatican II, au cours duquel une proposition visant à élaborer une nouvelle structure légale correspondant aux aspirations de l'Opus Dei allait être débattue. Mais certaines considérations font que l'œuvre perçoit l'assemblée comme allant à l'encontre de ses principes. Escrivá n'accepte en effet pas que celle-ci soit ouverte au public et craint que les nombreux experts conviés aux débats n'écrasent les évêques, parfois moins sophistiqués et instruits. Tout cela contribue à nourrir le ressentiment qu'il éprouve à l'égard de Jean XXIII.

PARANOÏA SCHISMATIQUE

Jean XXIII ne voit pas l'aboutissement de son concile. C'est son successeur, Paul VI (1897-1978), qui prend la relève et mène les discussions à leur terme. Au cours de l'assemblée, le pape condamne les méthodes d'avortement artificiel, alors même que cela n'avait pas été convenu avec les évêques. Les critiques fusent donc et, parmi celles-ci, la voix d'Escrivá se fait une nouvelle entendre. Toutefois, contrairement à la majorité des personnes opposées à cette condamnation, ce dernier fait savoir que son désaccord est lié au fait que Paul VI ne s'est pas montré assez strict dans son rejet.

Sa pensée semble donc se radicaliser à mesure que le temps passe, et il est désormais convaincu que seule l'Œuvre pourra sauver l'Église, devenue trop faible et trop lisse. La situation est telle que l'on frôle le schisme. Le docteur John Roche raconte d'ailleurs que les membres se préparaient à faire partie d'une église séparée de l'Église catholique. Mais Álvaro del Portillo, le bras droit d'Escrivá parvient à lui faire entendre raison et lui propose une approche plus diplomatique.

LA PRÉLATURE PERSONNELLE

Les années qui suivent le concile sont, pour Escrivá, l'occasion de faire entendre son message à travers le monde afin de répandre les idées de l'Œuvre. Tout occupé à ses voyages, il délaisse les travaux de modification du statut de l'Opus Dei, dont il ne verra pas l'aboutissement. Il décède à Rome en 1975 et laisse les clés de l'Œuvre à Álvaro del Portillo. L'organisation entre alors dans la dernière phase de son évolution pour adopter le statut qu'on lui connaît aujourd'hui, celui de la prélature personnelle.

Créée suite au décret conciliaire Presbyterorum Ordinis (1965), la prélature personnelle permet une plus grande flexibilité d'organisation que les structures déjà existantes comme les diocèses. C'est en 1969 que l'Opus Dei entame les procédures pour accéder à ce statut et en 1982 que Jean-Paul II (1920-2005) signe la constitution apostolique Ut Sit qui l'érige finalement en prélature personnelle.

Si la structure légale permettant la création de prélatures personnelles existe depuis 1965, l'Opus Dei reste à ce jour la seule organisation à avoir acquis ce statut. Il est vrai qu'il correspond parfaitement à la structure que possédait l'organisation à l'époque. On peut même penser, sans trop s'avancer, qu'il a été créé en s'inspirant de l'Œuvre d'Escrivá.

JOSÉMARÍA ESCRIVÁ DE BALAGUER

Né en 1902 à Barbastro en Aragon, Escrivá eut une enfance qui suscite déjà l'étonnement tant elle semble miraculeuse. Peu après sa naissance, il est victime d'une épidémie de méningite qui frappe la région de Huesca. Ce n'est qu'après un pèlerinage de sa mère à Torreciudad que, selon la légende, le petit Josemaría guérit de la maladie. Suite à des revers économiques, sa famille tombe dans la misère et quitte Barbastro pour rejoindre la région vinicole de La Rioja. Enfant extrêmement pieux, il a très tôt la certitude que son destin le mènera à servir Dieu.

En 1920, il s'inscrit à l'université pontificale de Saragosse où, grâce à ses excellents résultats, il est nommé séminariste supérieur en 1922. Trois ans plus tard, il est ordonné prêtre avant d'obtenir une licence en droit canon et civil. Il finit par s'installer à Madrid afin de compléter sa formation par un doctorat en droit. La suite tient plus de l'hagiographie que de l'histoire. Escrivá affirme avoir eu une vision le 2 octobre 1928, jour de la fête des anges gardiens, lors d'une retraite spirituelle à Madrid. C'est cette vision qui est à l'origine de la fondation de l'Opus Dei. À partir de ce moment, l'histoire d'Escrivá et celle de son Œuvre se confondent intimement.

Les opinions divergent énormément quant au caractère de cette personnalité. Une chose est certaine, Escrivá est, avant tout, un homme de Dieu. La compassion et le dévouement qu'il montrait envers son prochain faisaient en effet partie intégrante de son être. En revanche, son caractère emporté, colérique et orgueilleux lui a joué de mauvais tours et a influé sur l'image de l'Opus Dei.

Dès 1980, soit cinq ans après sa mort, la Postulation demande l'ouverture de la cause de béatification d'Escrivá, suite à la guérison miraculeuse de la sœur Concepción Boullón Rubio survenue en 1976. Près d'un tiers des évêques catholiques ont soutenu cette demande et ont signé la pétition. En 1991, les membres de la Congrégation pour les causes des saints affirment unanimement qu'il s'agit bien là d'un miracle et accordent donc à Escrivá le statut de bienheureux, le 17 mai 1992. Un an plus tard, une autre guérison est soumise à l'approbation de la Congrégation, celle du Dr Manuel Nevado Rey. Elle est déclarée miraculeuse en 2001, et, le 6 octobre 2002, le pape Jean-Paul II canonise Josemaría Escrivá. Cette canonisation rapide a fait se soulever de nombreuses voix, notamment au sujet du soutien absolu du pape dans cette procédure.

ÁLVARO DEL PORTILLO

Né à Madrid en 1914, Álvaro del Portillo intègre l'Opus Dei en 1935. Ordonné prêtre en 1944, il obtient rapidement la confiance du père fondateur et le poste de vicaire secrétaire central, ce qui le positionne en bonne place dans l'organigramme de l'Œuvre. C'est un homme extrêmement important pour l'histoire de l'Opus Dei et son influence est sans précédent. C'est notamment lui qui est chargé des négociations avec le Saint-Siège pour l'obtention d'un nouveau statut.

Après avoir participé au concile de Vatican II, il obtient des postes divers à Rome. Il devient ainsi secrétaire de la commission des instituts séculiers ainsi que consultant pour diverses congrégations, telles que celles pour la doctrine de la foi, pour le clergé ou encore pour la réforme du droit canon.

Grâce à son sens de la diplomatie, il parvient à tempérer l'entêtement d'Escrivá et fait en sorte que l'image de l'Opus Dei ne soit pas ternie par le ton provocateur et parfois maladroit de son fondateur. À la mort de celui-ci, c'est Álvaro del Portillo qui prend les rênes de l'organisation, avant d'être élevé à la dignité d'évêque par Jean-Paul II en 1991. Il meurt à Rome trois ans plus tard et est reconnu vénérable par Benoît XVI (né en 1927) en 2012, avant d'être béatifié en 2013 par le pape François (né en 1936).

BUTS ET FONCTIONNEMENT DE L'OPUS DEI

LA SAINTETÉ DANS LE SIÈCLE

Le message principal de l'Opus Dei est assez simple : tout chrétien peut concourir à diffuser le message du Christ, à participer à la mission évangélisatrice de l'Église, sans pour autant se retirer de la vie séculière. Le maître mot est l'évangélisation par la sanctification du travail. À travers ce message, l'on décèle tout le particularisme de l'Opus Dei et l'on comprend les difficultés que la prélature a dû surmonter pour trouver sa voie dans une Église qui n'avait pas prévu sa place. Par cette idée fondatrice (la sainteté dans le siècle), l'œuvre instaure une distinction primordiale avec les ordres religieux traditionnels. Par une vie simple et active, Escrivá estime en effet que tout chrétien peut promouvoir les vertus chrétiennes traditionnelles comme l'humilité ou la patience.

LA STRUCTURE DE L'ORGANISATION

La gestion de l'Opus Dei est assurée par trois assemblées d'importance décroissante. La première est le conseil général qui chapeaute l'Œuvre. Plus particulièrement, il sert d'organe consultatif au prélat qui est nommé à vie et dont la mission consiste à diriger l'organisation. Le premier prélat de l'ordre est Josemaría Escrivá de Balaguer, auquel succède Álvaro del Portillo en 1975, lui-même remplacé, en 1994, par Javier Echevarría Rodríguez (né en 1932). Ce conseil général est composé du prélat, du vicaire général, du vicaire secrétaire central, de trois vice-secrétaires, d'un préfet des études et d'un administrateur général.

L'administration de l'Œuvre est, quant à elle, composée de conseils régionaux. Chaque aire géographique comportant une implantation de l'Opus Dei est organisée en régions. Celles-ci ne correspondent pas forcément à des limites étatiques et officielles. Chacune d'entre elles est dirigée par un vicaire régional aidé dans sa tâche par le conseil régional ainsi que par des conseils techniques dont la tâche est avant tout d'assurer la bonne gestion économique de la région.

Enfin, elles comportent toute une série de conseils locaux dirigés par des directeurs laïcs, contrairement aux précédents qui sont tous pilotés par des prêtres.

LE « SIFFLEMENT » OU L'ADHÉSION À L'OPUS DEI

Pour intégrer l'Opus Dei, il faut avoir une véritable vocation. Bien qu'il s'agisse d'une organisation ecclésiastique, elle n'exige aucun vœu tel que ceux demandés par les ordres religieux traditionnels. Un laïc intégrant l'Œuvre reste donc un laïc et voit son appartenance à celle-ci se matérialiser par un contrat. Par celui-ci, les membres s'engagent à soutenir l'action apostolique de l'organisation et les activités qu'elle développe. En retour, la prélature offre un accompagnement et une formation spirituelle aux nouveaux membres.

C'est par le terme « sifflement » que l'on désigne le fait de demander son intégration à l'Œuvre. Le recrutement s'effectue généralement assez jeune. L'envoi d'une lettre de demande d'admission, le « sifflement », peut se faire à partir de 16 ans et demi. On peut toutefois devenir aspirant à l'âge de 14 ans et demi. Mais ce n'est qu'à 18 ans que le postulant obtient le titre d'oblat, marquant ainsi son entrée officielle dans l'Opus Dei.

LE SAVIEZ-VOUS ?

C'est Escrivá qui utilise le terme « sifflement », car il évoque le bruit d'une bouilloire, ce qui, pour lui, représente parfaitement le processus d'adhésion à l'Opus Dei. Le postulant est en effet amené à patienter pendant un certain temps durant lequel il participe aux diverses activités de l'organisation afin de s'acclimater, et ce jusqu'à son entrée définitive au sein de l'organisme.

L'Œuvre a la réputation de former une grande famille au sein de laquelle l'entraide est de mise. Cela implique également le fait que, quand un membre décide de la quitter, il en sort complètement et le ressentiment dont il fera l'objet de la part de ses anciens coreligionnaires sera intense. C'est ce qui est arrivé à l'un des premiers collaborateurs d'Escrivá, Miguel Fisac (1913-2006). Après avoir quitté l'organisation, celui-ci décide de se marier. Sa sœur, toujours membre de l'Opus Dei, n'obtient malheureusement pas la permission d'assister à la cérémonie. Plus grave encore, alors qu'il vient de perdre l'un de ses enfants, deux représentants de l'œuvre qui ont assisté à l'enterrement ont clairement laissé entendre que cette perte constituait la punition de Dieu pour l'avoir quittée.

LES MEMBRES DE L'ŒUVRE

Les membres sont classés en différentes catégories : les numéraires, les surnuméraires, les agrégés et les coopérateurs. Cette terminologie provient des standards qui étaient utilisés dans le jargon universitaire espagnol et ne reflètent en rien une volonté d'occultisme.

Les surnuméraires, qui représentent 70 % de l'ensemble de l'Opus Dei, sont généralement des membres mariés qui ont des obligations familiales. De fait, ils sont moins disponibles que les autres pour mener à bien les diverses activités de l'Œuvre. En raison de leur situation familiale, ils ne vivent pas en compagnie de leurs coreligionnaires au sein des centres de l'Opus Dei. Ils font en outre toujours partie de leur paroisse. L'un des devoirs des membres surnuméraires est de verser régulièrement de l'argent pour soutenir l'action de la prélature.

Les numéraires représentent le cœur de l'organisation. Ceux-ci considèrent de manière générale que l'Œuvre est leur véritable famille. Ils vivent donc en communauté dans des centres mis à leur disposition. Bien que, comme tout autre membre, ils exercent une profession extérieure à l'Opus Dei, une grande partie de leurs activités quotidiennes est liée aux intérêts de l'institution. De plus, tout ce qu'ils gagnent et qui excède le nécessaire en matière de subsistance est reversé à l'organisme. De par leur formation spirituelle, plus poussée que celle des surnuméraires, ils sont les seuls à pouvoir exercer les fonctions clés au sein de l'Œuvre. Les prêtres faisant partie de l'Opus Dei sont tous des membres numéraires et dépendent directement du prélat. Leur tâche est essentiellement de subvenir aux besoins spirituels des autres membres, comme le ferait n'importe quel homme de Dieu. Certains sont également en charge de paroisse ou d'enseignement universitaire.

La principale différence entre un numéraire et un agrégé est le lieu de résidence. Les agrégés, souvent célibataires, ne vivent pas dans les centres opusiens, notamment en raison de leurs responsabilités familiales. Pour ce qui est du reste, l'agrégé ne diffère aucunement du membre numéraire.

Enfin, les coopérateurs ne sont pas des membres, mais des « amis » de l'Opus Dei et, de ce fait, ne sont pas comptabilisés dans les chiffres officiels. Leur tâche est de soutenir par leurs activités l'accomplissement des missions de l'œuvre. Certains versent occasionnellement une contribution financière.

LES ACTIVITÉS DE L'OPUS DEI

L'activité principale de l'Opus Dei consiste à développer des centres communautaires et à mener à bien toute une série d'activités, dont la plupart sont liées au domaine de l'enseignement. Il est ainsi à l'origine de la création de 15 universités. Celles-ci rassemblent au total plus de 80 000 étudiants et comportent notamment des facultés de médecine, de droit, de théologie, d'économie, de communication et de philosophie et lettres. Outre ces établissements, 11 écoles de commerce où sont inscrits 10 000 étudiants, 36 écoles primaires et secondaires et 97 écoles techniques et professionnelles enseignant à plus de 38 000 élèves font partie de la sphère opusienne. On peut également compter dans ce domaine 166 résidences estudiantines dont la capacité d'accueil dépasse les 6 000 étudiants.

L'autre grand domaine de réalisation de l'Opus Dei est le domaine médical. La prélature est en effet à l'origine de la construction de sept hôpitaux employant plus de 1 000 médecins et 1 500 infirmiers. Toutes ces structures sont dispersées à travers le monde.

CONTROVERSES

L'AFFAIRE MATESA

L'un des plus grands scandales qui a impliqué des membres de l'Opus Dei est l'affaire Matesa. Celle-ci puise ses racines dans les dernières années du régime franquiste et a été l'un des plus fameux cas de corruption qu'a connus l'Espagne depuis la fin de la guerre civile.

C'est une firme de textile du nom de *Maquinaria Textil del Norte de España Sociedad Anónima* qui est au centre du scandale. L'affaire, qui éclate en 1969, a pour objet l'obtention frauduleuse de fonds gouvernementaux pour l'exportation de machines textiles. L'affaire sème rapidement le doute sur les réformes économiques mises en place depuis 1959 et sur les organismes officiels de crédit qui ont été créés peu après. Les personnes à l'origine de la politique économique espagnole des années soixante sont rapidement inquiétées. Or, il apparaît que la plupart était liée à l'Opus Dei.

L'affaire exacerbe les tensions entre certains membres du Gouvernement appartenant à la Phalange (organisation politique fascisante) et l'organisation. Les premiers estiment que l'influence que l'Œuvre a sur le Gouvernement espagnol doit cesser. C'est à cette fin que les ministres José Ruiz Solís (1913-1990) et Manuel Fraga Iribarne (1922-2012) entament une campagne de presse contre les technocrates de l'Opus Dei. Si Franco ne se sent pas particulièrement concerné par le scandale, sa divulgation et la mise en doute de la crédibilité du Gouvernement que la campagne de presse a suscitée le poussent à agir. C'est ainsi qu'il évince les deux ministres, tandis que les membres de l'œuvre impliqués s'en tirent à bon compte.

Juan Vilá Reyes (1925-2007), le directeur et fondateur de Matesa, qui a assumé la responsabilité du scandale, obtient même plus tard un pardon officiel de la part de Franco.

Ce scandale n'a pas été le seul, impliquant de près ou de loin l'Opus Dei. On peut notamment citer les affaires Ortega Pardo et Meleux qui, en matière d'escroquerie, ont eu un certain retentissement durant les années soixante.

UNE CONTROVERSE NÉE DU *DA VINCI CODE*

En matière de controverse, il est difficile de passer à côté des réactions qui ont fleuri après la parution en 2003 du roman de Dan Brown (écrivain américain, né en 1964), *Da Vinci Code*. La préface du livre le présente en effet comme une thèse et non comme une fiction. Il s'agit probablement d'un procédé littéraire quelque peu provocateur destiné à gonfler les ventes, mais, quoi qu'il en soit, ce roman lie de nombreux éléments réels et bien connus à d'autres issus de l'imagination de l'auteur, étant au mieux vraisemblables, mais non attestés, au pire purement inventés. Face au succès rencontré par le livre, l'Opus Dei a dû réagir promptement. Non seulement ce qui est dépeint dans l'ouvrage peut offenser l'œuvre, mais peut également affecter l'ensemble du christianisme.

Le premier objectif du plan de communication qu'il met en place consiste à faire en sorte que le film soit interdit aux mineurs, puis à ce que le montage soit revu afin de supprimer les scènes qui pourraient heurter la sensibilité des chrétiens. Enfin, l'Opus Dei demande d'accompagner le film d'un avertissement spécifiant qu'il s'agit là d'une œuvre de fiction. Son second objectif était de profiter de la sortie du film pour communiquer ouvertement sur la situation de l'œuvre et faire connaître son apostolat. Le premier objectif n'aboutit pas, au contraire du second.

L'ŒUVRE ET LA PAPAUTÉ

L'Opus Dei est, de nos jours, bien intégrée à tous les échelons de l'Église. Mais cela n'a pas toujours été le cas. Ce n'est qu'avec l'élection de Jean-Paul II en 1978 que l'organisation acquiert l'importance politique qu'on lui connaît aujourd'hui. Alors qu'il n'est encore que l'évêque de Cracovie, Karol Wojtyła, de son vrai nom, bénéficie déjà de l'amitié de l'Opus Dei et de ses largesses. Lors de ses déplacements à Rome, par exemple, il est d'usage pour lui de résider dans l'une de leurs résidences. Il est aussi intéressant de noter l'apport financier que l'Œuvre a accordé à Solidarność, une organisation qu'a régulièrement soutenue Jean-Paul II.

En 1978, lorsque le conclave se réunit à Rome pour élire un nouveau pape, le cardinal Wojtyła est le candidat déclaré de l'Opus Dei, et l'archevêque de Vienne, proche de l'Œuvre, a pesé de tout son poids dans cette élection. Sans affirmer que Jean-Paul II doit son élection uniquement au soutien que lui a apporté l'Opus Dei, on remarque toutefois qu'une fois élu il s'est empressé de rendre la pareille. L'acquisition du statut de prélature personnelle, la béatification précipitée d'Escríva et la nomination parmi ses proches collaborateurs de nombreux opusiens ou sympathisants en sont les parfaits exemples. Mieux encore, de nombreux évêques d'Amérique latine, membres également de l'Opus Dei, doivent leurs nominations à Jean-Paul II.

Il est clair que le pape Benoît XVI ne soutient pas aussi ouvertement l'Opus Dei que son prédécesseur. Tout en ayant conscience du sectarisme de l'Œuvre, il s'en sert pour lutter contre les déviances trop modernes qui ont surgi au sein de l'Église. En revanche, depuis l'élection du pape François, le vent tourne. Beaucoup plus progressistes que celles de ses prédécesseurs, ses positions inquiètent les milieux traditionalistes, dont fait partie l'Opus Dei.

L'IMPORTANCE DU SECRET

De tout temps, l'Opus Dei a attisé la controverse par sa discrétion, aussi bien au sein de l'Église qu'en dehors. Elle a d'ailleurs fait l'objet d'enquêtes dès les années trente et quarante, tant en Espagne qu'à Rome. Initialement, c'est sa réputation de « maçonnerie blanche » qui lui vaut la suspicion des autorités ecclésiastiques et politiques.

Si l'Opus Dei joue sur la carte de la discrétion, comment alors reconnaître l'un de ses membres ? Voilà ce qui pose problème à de nombreuses personnes.

LE SAVIEZ-VOUS ?

Certaines théories ont fleuri au cours du temps, basées sur certains faits avérés. Par exemple, l'utilisation d'une certaine eau de Cologne particulièrement appréciée par Escrivá pourrait indiquer l'appartenance d'une personne à l'organisation. Un bouton de manchette manquant pourrait avoir la même signification. Il en va de même pour le salut accompagné du mot « *pax* », rendu par la locution « *in aeternum* ». Ni infirmés ni confirmés par les membres, ces indices restent de l'ordre de la théorie.

Cette volonté de se montrer discret est clairement visible dans la constitution de 1950, dans laquelle Escrivá déclare la volonté de pratiquer une « humilité collective », propre à faire passer tout individualisme au second plan. Pour respecter ce souhait, il n'est donc pas conseillé de révéler son appartenant à l'Opus Dei. Une raison plus prosaïque à ce secret imposé est qu'en 1950 le Vatican a interdit aux membres d'institutions séculières de s'engager dans les affaires. Or de nombreux membres de l'Opus Dei dérogent à cette règle, ce qui pousse l'Œuvre à inviter ses membres à ne pas s'identifier. En 1982 par contre, les statuts de l'Opus Dei dénotent une nette évolution en la matière. Une certaine prudence est toujours de mise, puisqu'il est demandé de faire preuve de discrétion quant à la divulgation des noms des membres opusiens, mais il leur est tout de même demandé d'éviter tout mystère, l'Œuvre n'ayant officiellement rien à cacher. Ses membres peuvent, par conséquent, agir avec naturel.

LES MORTIFICATIONS DE LA CHAIR

Un autre élément qui participe à la réputation sulfureuse de l'Opus Dei est la mortification de la chair. Sous le régime franquiste des années quarante, à une époque où l'Œuvre est farouchement attaquée, personne ne lui a reproché cette pratique. Si les formes de pénitence par la mortification font partie intégrante de la spiritualité de l'Espagne ultra chrétienne, avec le temps, cette pratique est de plus en plus considérée comme extravagante et dégradante, au point de tomber en désuétude. Mais l'Œuvre y reste attachée, ce qui ne fait que rajouter de l'huile sur le feu de la curiosité qu'elle suscite.

Les formes de mortification pratiquées par les membres de l'Opus Dei sont diverses, mais ne sont pas destinées à tous. Seuls les membres célibataires sont tenus de suivre les mortifications les plus dures, comme l'utilisation de cilice ou de fouet. Le premier est une sorte de chaînette garnie de pointes qu'il faut porter sur la partie supérieure de la cuisse ou autour des reins durant deux heures chaque jour. Le fouet, également appelé discipline, est en réalité plus un petit martinet que l'opusien s'applique sur le dos ou les fesses pendant qu'il récite une courte prière. Autrement dit, l'application est souvent brève et bénigne. La durée de la prière et la force de frappe sont, elles, laissées à l'appréciation de celui qui pratique la pénitence.

Des mortifications plus légères et donc plus courantes existent également. Il est par exemple courant de faire en sorte que le sommeil soit parfois peu confortable. Se passer d'oreiller, dormir par terre ou sur une planche peut concourir à cela. Dans le même esprit, certains membres choisissent d'observer le silence après le repas, et ce jusqu'au lendemain.

Au final, de telles pratiques sont en accord avec l'état dans lequel se trouve l'Œuvre aujourd'hui : une organisation vivant dans le passé, refusant d'évoluer et s'arc-boutant contre les idées novatrices que symbolise aujourd'hui le pape François.

EN RÉSUMÉ

- L'Opus Dei est créé par Josemaría Escrivá de Balaguer en 1928. Intimement lié à l'histoire personnelle de son fondateur, il se forme dans une Espagne franquiste.
- Après des débuts paisibles, la situation de l'Opus Dei bascule en même temps que celle de l'Espagne. Avec la laïcisation brutale du pays, les ecclésiastiques sont pourchassés et Escrivá est contraint de fuir Madrid.
- En 1941, l'Opus Dei acquiert le statut de pieuse union et, en 1947, celui d'institut séculier, nouvellement créé par Pie XII.
- À l'issue du concile Vatican II, le père fondateur radicalise son point de vue et, avec lui, celui de l'Opus Dei. C'est l'intervention de del Portillo qui évite à l'Œuvre de se dissocier complètement de l'Église catholique.
- À la mort de son fondateur, l'Opus Dei entre dans une nouvelle phase de son développement afin d'accéder au statut de prélature personnelle, qui aboutira en 1982.
- Le principe fondamental qui régit la vie des membres de l'Opus Dei est l'apostolat séculier. Par le travail et dans la vie quotidienne, les membres peuvent accéder à la sainteté.
- Trois niveaux hiérarchiques structurent la prélature. Le premier et le plus important est le conseil général, présidé par le prélat, le numéro un de l'Opus Dei. Le deuxième est celui des conseils régionaux dirigés par un vicaire régional. Le troisième se compose de conseils locaux dirigés par des directeurs laïcs.
- À l'heure actuelle, le nombre de membres dépasse la barre des 90 000. Parmi ceux-ci se trouvent plus de 2 000 prêtres, le reste étant laïc. La plupart des adhérents sont des membres surnuméraires. Les numéraires sont ceux que l'on pourrait considérer comme les plus engagés dans la voie de l'Opus Dei.

- Le domaine de prédilection des activités de l'Œuvre est l'enseignement. L'Opus Dei est ainsi à l'origine de la création de 15 universités, 11 écoles de commerce, 36 écoles primaires et secondaires, 97 écoles techniques et professionnelles. L'autre domaine privilégié est la médecine avec la création de 7 hôpitaux.
- Le principal objet de controverse est lié au caractère secret de l'Opus Dei. C'est la volonté de pratiquer une « humilité collective » qui a amené l'Œuvre à prévoir des règles internes interdisant de révéler l'appartenance à celle-ci. De fait, la prélature estime que l'adhésion à une organisation quelconque reste de l'ordre privé et s'apparente donc plus à de la discrétion qu'à du secret.

POUR ALLER PLUS LOIN

SOURCES BIBLIOGRAPHIQUES

- ALLEN (John L. Jr.), *Opus Dei : un regard objectif sur les mythes et les réalités de la puissance la plus mystérieuse de l'Église catholique*, Québec, Stanké, 2006.
- BEEVOR (Antony), *La guerre d'Espagne*, Paris, Calmann-Lévy, 2006.
- CAHILL (Thomas), *Pope John XXIII: A Life*, Londres, Penguin, 2008.
- HERTEL (Peter), *Les secrets de l'Opus Dei. Enquête et documents*, Villeurbanne, Golias, 1998.
- HUTCHINSON (Robert), *Their Kingdom Come. Inside the Secret World of Opus Dei*, Londres, St. Martin's Griffin, 2006.
- LE VAILLANT (Yvon), *Sainte Maffia : le dossier de l'Opus Dei*, Paris, Mercure de France, 1971.

SOURCES COMPLÉMENTAIRES

- BERNAL (Salvador), *Mes souvenirs d'Alvaro del Portillo, prélat de l'Opus Dei*, Québec, Éditions des Oliviers, 2007.
- DES MAZERY (Bénédicte et Patrice), *L'Opus Dei, enquête sur une église au cœur de l'Église*, Paris, Flammarion, 2005.
- DUBORGEL (Véronique), *Dans l'enfer de l'Opus Dei*, Paris, Albin Michel, 2007.
- FUENMAYOR (Amadeo de), GOMEZ-IGLESIAS (Valentin) et ILLANES (José Luis), *L'itinéraire juridique de l'Opus Dei*, Paris, Desclée, 1992.
- GONDRAND (François), *Au pas de Dieu : Josemaría Escrivá de Balaguer, fondateur de l'Opus Dei*, Paris, France Empire, 1982.
- ROMANO (Guiseppe), *L'Opus Dei, un chemin de sainteté*, Paris, Fayard, 1996.

SOURCE ICONOGRAPHIQUE

- Portrait de Josemaría Escrivá que l'on trouve dans l'église Sainte-Marie-des-Anges à Chicago. L'image reproduite est réputée libre de droits.

FILMS ET DOCUMENTAIRES

- *Opus Dei. Une croisade silencieuse*, documentaire de Marcela Said Cares et Jean de Certeau, France, 2006.
- *L'Opus Dei dévoilé*, documentaire de George Tzimopoulos, États-Unis, 2006.
- *Da Vinci Code*, film de Ron Howard, avec Tom Hanks, Audrey Tautou, Ian McKellen et Jean Reno, États-Unis, 2006.
- *Camino*, film de Javier Fesser, avec Nerea Camacho, Carme Elías, Mariano Venancio et Manuela Vellés, Espagne, 2008.
- *There Be Dragons*, film de Roland Joffé, avec Charlie Cox, Wes Bentley, Derek Jacobi et Olga Kurylenko, États-Unis, 2011.

LITTÉRATURE

- CASE (John), *Genesis*, 1998.
- BROWN (Dan), *Da Vinci Code*, 2003.

www.50minutes.com

Éditeur responsable : Lemaitre Publishing
Avenue de la Couronne 382 | BE-1050 Bruxelles
info@lemaitre-editions.com

ISBN ebook : 978-2-8062-7183-9
ISBN papier : 978-2-8062-7184-6
Dépôt légal : D/2015/12603/522
Photo de couverture : © Nomad_Soul.

Conception numérique : Primento,
le partenaire numérique des éditeurs